Benjamin Lonnemann

Lehrertraining - Das Konstanzer Trainingsmodell (KTM), ein theoretischer und praktischer Rückblick

GRIN Verlag

Bibliografische Information der Deutschen Nationalbibliothek:

Die Deutsche Bibliothek verzeichnet diese Publikation in der Deutschen National-
bibliografie; detaillierte bibliografische Daten sind im Internet über http://dnb.d-
nb.de/ abrufbar.

Impressum:

Copyright © 2004 GRIN Verlag GmbH
Druck und Bindung: Books on Demand GmbH, Norderstedt Germany
ISBN: 978-3-656-49032-6

Dieses Buch bei GRIN:

http://www.grin.com/de/e-book/72818/lehrertraining-das-konstanzer-trainingsmo-
dell-ktm-ein-theoretischer

GRIN - Your knowledge has value

Der GRIN Verlag publiziert seit 1998 wissenschaftliche Arbeiten von Studenten, Hochschullehrern und anderen Akademikern als eBook und gedrucktes Buch. Die Verlagswebsite www.grin.com ist die ideale Plattform zur Veröffentlichung von Hausarbeiten, Abschlussarbeiten, wissenschaftlichen Aufsätzen, Dissertationen und Fachbüchern.

Besuchen Sie uns im Internet:

http://www.grin.com/

http://www.facebook.com/grincom

http://www.twitter.com/grin_com

Universität Osnabrück

Seminar:

Lehrertraining

Hauptseminararbeit

Lehrertraining:

theoretischer und praktischer Rückblick

Benjamin Lonnemann

Inhaltsverzeichnis

1. Lehrertraining – was ist das eigentlich?

Schon seit Jahren wird von vielen angehenden Lehrerinnen und Lehrern beklagt, dass ihre Ausbildung an den Universitäten viel zu praxisfern orientiert ist. Statt auf den Umgang mit schwierigen Schülern bzw. kritischen Situationen vorzubereiten, steht der wissenschaftliche Aspekt der Unterrichtsfächer im Vordergrund. Die recht kurzen Schulpraktika können nur einen kleinen Einblick in Alltagssituationen eines Lehrers bieten, so dass sie in der Referendariatszeit oft auf eine harte Probe gestellt werden.

An einigen Universitäten wird nunmehr versucht, die Studierenden die Studierenden praxisnah gerade für diese Aufgaben vorzubereiten. In diesen „Lehrertrainings" werden durch Rollenspiele verschiedene Unterrichtssituationen dargestellt, es wird für den Ernstfall geprobt, um in der Realität besser zurechtzukommen.

2. Die Bedeutung von Lehrertraining

Die zentrale berufliche Tätigkeit eines Lehrers liegt im Unterrichten und Erziehen. Diese scheinbare Selbstverständlichkeit kann sich als unüberwindbares Hindernis erweisen. Denn jede Interaktion mit den Schülern, ob sie nun verbal oder nonverbal abläuft, erfolgt entweder mit dem Schwerpunkt Erziehung oder dem Schwerpunkt Unterricht. Durch diese Interaktion wird auch das jeweilige Klassenklima beherrscht (z. B. Leistungsdruck, Prüfungsangst, Erfolgszuversicht bei negativem Klima). Wenn die Leistung jedoch am individuellen Fortschritt gemessen wird, so sind die Schüler weniger ängstlich und erfolgsorientierter, da sie eine erhöhte Motivation besitzen, schwierige Situationen in der Schule zu meistern.[1]

---

[1] Jürgens, Barbara: Pressespiegel für das NLP. http://www.nlp.de/presse7deutschland/ps-0498.htm

Doch auch auf Seite des Lehrers ist der Alltag mit den Schülerinnen und Schülern kritisch zu betrachten. Gerade die Interaktion mit Schülern wird von Lehrern häufig als schwere berufliche Belastung angesehen. Demnach machen einen erfolgreichen und damit auch zufriedenen Lehrer folgende Eigenschaften aus: Wertschätzung, Einfühlungsvermögen, Aufstellen von klaren Verhaltensregeln ohne Strafen sowie die Fähigkeit, den Unterricht logisch aufzubauen. Die Schüler solcher Lehrer stören wenig, arbeiten gut mit und zeichnen sich durch gute Leistungen aus. Doch Hilfen, um diese Eigenschaften zu erlangen, gibt es während der Lehrerausbildung bislang kaum.[2]

Aufgrund der Entwicklung vieler Trainingsansätze erschien es, als ob bis Mitte der 80er Jahre spezielle Trainingsmaßnahmen für Lehrer die Regel werden sollten. Doch diese wurden nicht in die Realität umgesetzt. Denn der Lehrerberuf sollte von nun an verstärkt professionalisiert werden, indem der wissenschaftliche Aspekt in den Vordergrund gerückt wurde. Die Wissenschaft, wie das Wissen an die Schüller vermittelt werden sollte, wurde dagegen vollkommen vernachlässigt.

3. Was und wie können Lehrer durch Lehrertrainings lernen?

Erst seit den 70er Jahren werden in Deutschland überhaupt verschiedene Formen von Lehrertrainings angeboten, die zur Verbesserung sozialkommunikativer Fähigkeiten und Verhaltensweisen beitragen sollen. Dabei unterscheidet sich ein Lehrertraining grundlegend von den Schulpraktika oder Unterrichtsbesuchen: mit speziellen Methoden sollen bestimmte Merkmale bzw. Eigenschaften eines guten Lehrers bewusst praktisch durchgeführt werden. Der Schwerpunkt liegt hierbei nicht nur auf dem Einüben von Verhalten, sondern auch auf inneren psychischen Prozessen.

---

[2] Jürgens, Barbara: Pressespiegel für das NLP. http://www.nlp.de/presse7deutschland/ps-0498.htm

Die wenigsten Lehrertrainings sind jedoch speziell für die Ausbildung von Lehrern geschaffen worden, sondern es wurden Verfahren zur Weiterentwicklung der Persönlichkeit entwickelt bzw. bereits bestehende Therapien auf den Beruf des Lehrers umgewandelt.[3]

Bei der Konzeption von Lehrertrainings sind, ähnlich wie in der Psychotherapie, zwei grundlegend verschiedene Ansätze zu finden. Zum einen gibt es den behavioristischen Ansatz, der nach Skinner davon ausgeht, dass Verhalten erlernt wird. Ein nicht angemessenes Verhalten wird daher als Folge eines Lerndefizits gedeutet. Mit einer Therapie bzw. einem Training soll nun das erlernt werden, was vorher versäumt wurde.[4] Zum anderen gibt es den Personenzentrierten Ansatz, der in der Psychotherapie auf die humanistischen Therapien wie Gesprächstherapie oder Gestalttherapie zurückgeht. Hier geht es im Gegensatz zum Behaviorismus nicht um die Bewältigung einer bestimmten Technik, sondern um die Weiterentwicklung der Persönlichkeit. Hier hat das Training bzw. die Therapie die Aufgabe, dass das Individuum bestehende Einschränkungen ablegt. Im Laufe der letzten zwanzig Jahre haben sich die engen Grenzen dieser beiden Ansätze jedoch immer mehr vermischt.[5]

Leider entwickeln sich die Konzepte des Lehrertrainings nicht an den Anforderungen der Lehrerausbildung und der Praxis in der Schule, so dass mittlerweile eine Vielzahl therapeutischer Methoden für Lehrer vorhanden ist.

Generell kann gesagt werden, dass „Lehrer über ein besonderes Maß an alltäglichen sozialen Fähigkeiten verfügen müssen". Demnach liegt die Hauptaufgabe eines Lehrers in der Anregung von Lernprozessen, nicht bei der Bewältigung psychischer Probleme. Vielmehr muss ein Lehrer sowohl auf der der sozialen als auch auf der kognitiven Ebene gleichzeitig mit mehreren Personen handeln, so dass es häufig zu Konflikten kommt.

---

[3] Jürgens, Barbara: Pressespiegel für das NLP. http://www.nlp.de/presse7deutschland/ps-0498.htm
[4] Hinsch, Rüdiger/Ueberschär, Beate: Gewalt in der Schule. S. 5
[5] Hinsch, Rüdiger/Ueberschär, Beate: Gewalt in der Schule. S. 5

Deshalb müssen Lehrer ihren Umgang mit Schülerinnen und Schülern so gestalten können, dass sie kognitive Prozesse erleichtern, schwierige Situationen bewältigen, Konflikte erst gar nicht entstehen lassen bzw. verringern oder eine adäquate Lösung entstehen lassen. Ein guter Lehrer sollte also in der Lage sein, sozialen Umgang und Konfliktlösestrategien zu beherrschen und in den Alltag mit einfließen zu lassen.

4. Das Konstanzer Trainingsmodell

Das wohl zurzeit bekannteste Trainingsmodell für Lehrer ist das „Konstanzer Trainingsmodell (KTM) von Hinsch und Ueberschär. Es wurde zum Thema „Gewalt in der Schule" konzipiert und dient als Selbsthilfeprogramm. In seinen Grundzügen basiert es auf den Aussagen der kognitiven Verhaltensmodifikation, insbesondere der Handlungs- und Selbstregulation: Voraussetzung hierbei ist die Interaktion mit der Umwelt des Individuums durch seine Kognitionen (Ziele, Wahrnehmungen, Bewertungen, Erwartungen), so dass es sich so von dieser relativ unabhängig machen kann.

4.1 Prozessmodell sozialen Verhaltens

Hinsch & Pfingsten stellten 1998 in Bezug auf diese Annahme ein „Prozessmodell sozialen Verhaltens" vor. Dieses Modell macht deutlich, welche Strukturen während einer sozialen Interaktion ablaufen und wo eventuell Fehler auftreten können:

1. Die *soziale Situation* kann für das Individuum schon eine Überforderung sein, wenn es selbst nicht in der Lage ist, eine Situation für sich zufrieden stellend zu lösen, Bedürfnisse und Umweltbedingungen zu vereinen.

2. Das *kognitive Verarbeiten* von Situationen kann durch unterschiedliche Wahrnehmungen, Interpretationen und Antizipationen verfälscht werden. Es kann passieren, dass durch das Verhalten der Interaktionspartner verschiedene Aspekte missverstanden werden oder aber auch deren Bewältigung als unzulänglich bewertet werden. Emotionen können nun dazu führen, dass in Zukunft vor Situationen dieser Art Angst empfunden wird, sie vermieden werden oder zu einem Angriff auf den Interaktionspartner ausarten.

3. Zusammen mit der kognitiven Bewertung entstehen *durch die emotionale Verarbeitung* Ärger und Angstreaktionen. Diese sind meist konditioniert oder werden durch unbewusste kognitive Prozesse hervorgerufen, die geschlechtsspezifisch ablaufen: Frauen sind sich ihren gefühlsbetonten Reaktionen bewusst, Männer können sie häufig erst gar nicht benennen.

4. Das Ergebnis der kognitiven und emotionalen Verarbeitung wird als das *motorische Verhalten* beschrieben. Dieses beinhaltet all das Verhalten, an dem der motorische Apparat beteiligt ist. Dazu zählt auch die Sprache, durch die in erster Linie Fehler begangen werden, die zu nicht gewollten Konsequenzen führen können. Doch diese Konsequenzen schließen nicht nur die objektiven Folgen mit ein, sondern auch die inneren für die Zukunft bedeutenden Prozesse.[6]

4.2 Ziele des Trainingsprogramms

Das Ziel des KTM wird nach Tennstädt (1991) folgendermaßen in Worte gefasst: „ein selbstsicherer Lehrer, der mit seinem eigenen Interaktionsstil zufrieden ist, aber auch auf das Verhalten schwieriger Schülerinnen und Schüler angemessen reagieren kann." (Tennstädt. 1991. in: Hinsch/Ueberschär. S. 8). Da diese Aussage zu stark lehrerzentriert ist, muss noch eine Ergänzung hinzugefügt werden: Es sollte eine Interaktion zwischen Lehrer und Schüler entstehen, die für beide Seiten gleichermaßen befriedigend ist. Da Lehrer und Schüler eine Art Zwangsgemeinschaft bilden, ist es nötig, die Zufriedenheit der Schüler mit in das Zielverhalten eines Lehrers aufzunehmen.[7]

Das KTM wendet sich bewusst an Lehramtsstudenten, da diese noch offener für neue Erfahrungen sind und sich und ihr Verhalten noch in Frage stellen.

---

[6] Hinsch, Rüdiger/Ueberschär, Beate: Gewalt in der Schule. S. 7-8
[7] Hinsch, Rüdiger/Ueberschär, Beate: Gewalt in der Schule. S. 9

Erschwerend dagegen ist jedoch, dass sie nur wenige Unterrichtseinblicke in Form von Schulpraktika haben. Zudem ist das Umsetzen des Gelernten in die Praxis nicht unmittelbar erfahrbar. Weiter haben Studenten noch nicht die nötige Erfahrung, um realistisch das Ausmaß von Gewalt an Schulen und die eigene Handlungskompetenz beurteilen zu können. Das KTM bietet somit den Studenten einen Einblick in alltägliche Situationen eines Lehrers, um für mögliche Probleme ausreichend vorbereitet zu sein.

Da das Lehrertraining für Studenten nur bei intern ablaufenden Prozessen ansetzen kann, sind sowohl die Situationen als auch die Rahmenbedingungen vorgegeben. Auch ist die Reaktion der Interaktionspartner von diesen abhängig und nur begrenzt beeinflussbar. Deshalb ist ein solches Lehrertraining nur dann von Erfolg gekrönt, wenn es gemäß dem aktuellsten psychologischen Stand ist, von allen Teilnehmern verstanden und umgesetzt werden kann, sowie der Zusammenhang zwischen dem vorgestellten Prozessmodell und dem Training erkennbar ist. Dabei ist es von besonders hoher Bedeutung, dass nicht spezielle bzw. komplexe Problemlösestrategien eingeübt werden, sondern generelles Verhalten als Lehrer einzuüben. Das Erklärungsmodell kann hierfür zur Hilfe genommen werden um Veränderungen am eigenen Verhalten selbst vorzunehmen. Allerdings muss dem bekannten Prozessmodell hinzugefügt werden, dass zur kognitiven Verarbeitung (Wahrnehmung und Bewertung) noch die Ebene der Zielsetzung beachtet werden muss. Lehrern aus der Berufspraxis wird die Tatsache, dass eigenes Verhalten immer zielgerichtet ist, als selbstverständlich vorkommen, angehende Lehrer werden hiermit noch Probleme haben.

4.3 Der Aufbau des Lehrertrainings

Die Konstellationen, die beim KTM ausprobiert werden, sollten immer in einem überschaubaren Rahmen bleiben. Jede Situation in einer Klasse ist mit einer Vielzahl verschiedener Verhaltensweisen verbunden, die nach vier Verhaltensklassen eingeteilt werden können:

1. *Durchsetzungsverhalten:* Hierbei muss der Lehrer seiner Pflicht nachkommen und sich durchsetzen können. Dazu muss er laut und deutlich sprechen, keine Entschuldigungen geltend machen, Blickkontakt einhalten und Forderungen ohne spezifische Begründung aussprechen. Um dies zu realisieren, muss dem Lehrer allerdings klar sein, dass es nicht um das Besiegen geht, sondern die Erkenntnis, dass man sich in einer bestimmten Lage durchsetzen will. Eine abgebrochene, versuchte Durchsetzung hat meist negativere Folgen als gar nichts zu unternehmen.

2. *Beziehungsverhalten:* In manchen Situationen ist es wichtig, dass eine Beziehung zu einer Schülerin oder einem Schüler entweder überhaupt erst hergestellt oder aber ausgebaut wird. Hier muss der Lehrer zeigen, dass er zuhören kann, Einfühlungsvermögen beweisen und seine eigenen Gefühle in der Ich-Form ausdrücken kann.

3. *Regeln aushandeln:* Hierbei geht es um einen Konflikt zwischen Schülern, den ein Lehrer zu lösen versuchen muss. Er tritt in diesem Zusammenhang jedoch nur als Vermittler auf. Seine Aufgabe ist es, den betroffenen Parteien zuzuhören und die jeweiligen Standpunkte zusammen zu fassen. Er muss dabei objektiv vorgehen. Zu einer Lösung sollen die Betroffenen jedoch selbst finden, Vorschläge nur behutsam gegeben werden.

4. *Um Sympathie werben:* In der vierten und letzten Kategorie geht es um Situationen, in denen eine Person zu einer Handlung bewegt werden soll, zu der man eigentlich kein Recht hat. Um dieses Vorhaben bewältigen zu können, bedarf es jedoch bei seinem Gegenüber ein Bild eines sympathischen Menschen entstehen zu lassen. Dazu muss das Auftreten gegenüber der anderen Person freundlich, offen und entgegenkommend sein.[8]

---

[8] Hinsch, Rüdiger/Ueberschär, Beate: Gewalt in der Schule. S. 11

Diese vier Kategorien sollen helfen, den angehenden Lehrern einen generellen Verhaltensmaßstab mit auf den Weg zu geben. Durch vorgegebene oder selbst erdachte bzw. erlebte Situationen (Schulpraktikum oder eigene Schulzeit) können diese mit Hilfe der übrigen Trainingsteilnehmer erprobt werden. Da diese Sequenzen auch per Videokamera aufgenommen werden, können so abschließend die Vor- und Nachteile der gespielten Konfliktsituation ausgewertet werden.

5. Reflexion: Die eigene Umsetzung des KTM im Seminar

Die Wahl zu diesem Seminar ist mir im ersten Moment nicht gerade leicht gefallen, als ich im kommentierten Vorlesungsverzeichnis die Bemerkungen gelesen habe. Rollenspiele in Verbindung mit einer Videokamera wirkten auf mich zu Beginn abschreckend. Auf Empfehlung von Kommilitonen und reichlichen Überlegungen entschied ich mich dennoch für dieses Seminar, da ich sich das Thema sehr viel versprechend anhörte und auch Erfahrungen mit einer solchen Trainingsform machen wollte.

Der erste Termin gestaltete sich entgegen meinen Erwartungen. Wir waren nur ca. 15 Seminarteilnehmer, so dass sich meine Bedenken verringerten, vor einer großen Runde auftreten zu müssen. Auch eine ausführliche Kennenlernphase aller Beteiligten, in denen alle ihre eigenen Stärken und Schwächen benennen sollten, lockerte die Atmosphäre. Als positiv empfand ich, dass wir uns selbst Situationen ausdenken durften, die wir gern schon einmal vor dem Referendariat ausprobieren wollten. Darunter fielen sowohl selbst erlebte Ereignisse (z.B. Praktika oder eigene Schulzeit) oder aber auch Zusammenhänge, vor denen wir nicht genau wussten, wie wir sie meistern sollten.

Nach der Vorstellung der schon im Theorieteil beschriebenen Verhaltenskategorien, teilten wir unsere selbst gewählten Trainingssituationen in diese ein. Es hatte nun jeder die Chance sich die Ereignisse des Schulalltags auszusuchen, von denen Unsicherheiten ausgingen. Zu Beginn waren die meisten Kommilitonen noch recht unsicher, wie es überhaupt ablaufen sollte, aber nach kurzer Zeit der Gewöhnung machte es uns allen sehr viel Spaß zuzusehen, wie die andern ihren „Unterricht" meisterten. Beigetragen haben dazu vorher ausgemachte Regeln, die zu einem sehr harmonischen Seminarklima beigetragen haben.

Sie beinhalteten unter anderem, dass wir bei unseren Kritiken darauf achten sollten, dass wir niemanden persönlich beleidigen oder angreifen. Diese beruhten sogar auf freiwilliger Basis, so dass man sich ihnen komplett entziehen konnte.

Der Ablauf der Rollenspiele wurde mit der jeweiligen „Lehrkraft" abgesprochen. So konnte sie sich sicher sein, welche genauen Konflikte auf sie zukamen bzw. die Rolle des Lehrers wurde darauf abgestimmt. Die „Schüler" hatten die Aufgabe, einen mittleren Schwierigkeitsgrad zu wählen – nicht zu einfach, nicht zu schwer.

Diese vorab geklärten Formalia führten zu einem erfolgreichen, praktisch orientierten Seminar, wie ich es in dieser Form bisher noch nicht kannte. Zum einen, weil ich Veranstaltungen dieser Art aus den oben genannten Gründen häufig vermeide, zum anderen sind solche Übungen für angehende Lehrer auch nur sehr selten an der Universität zu finden.

Ich selbst konnte im Seminar eine Situation nachstellen, die ich im Allgemeinen Schulpraktikum erfahren habe. Dabei ging es um einen neunjährigen Schüler, der in Stressmomenten einnässte. Hänseleien innerhalb der Klassenge-meinschaft waren die Folge. Meine Aufgabe in der Übung war es nun, auf die hänselnden Schülerinnen und Schüler einzugehen, damit sie ihren Klassenkameraden nicht noch zusätzlich belasten.

Mit dieser Angelegenheit war ich zur Zeit des Praktikums etwas überfordert, konnte aber durch die Erfahrung, die ich durch das Zusehen bei den anderen Seminarteilnehmern gewinnen konnte, nun viel besser damit umzugehen. Denn nicht nur das eigene Wirken in möglichen Extremsituationen im Lehreralltag, auch die Darstellung anderer Handlungsweisen der Kommilitonen haben mir verschiedene Alternativen und damit auch Hilfen für die Zukunft aufgezeigt. Zurückblickend kann ich zusammenfassen, dass sich meine anfänglichen

Bedenken gegen dieses Seminar gewandelt haben. Im gesamten Studium habe ich bisher nur fachspezifische Regeln und Gesetze in wissenschaftlicher Form kennen gelernt, so dass dieses einmalige Seminar, das vollkommen auf die Praxis zugeschnitten war, einen gelungenen Beitrag für mein Studium und die zukünftige Berufspraxis geleistet hat.

Literaturverzeichnis

Hinsch, Rüdiger/Ueberschär, Beate: Gewalt in der Schule. Ein Trainingsprogramm für Lehrer und Lehramtsstudenten. Landau. 1998

Jürgens, Barbara: Pressespiegel für das NLP. Wie lernen Lehrer Lehrerverhalten? http://www.nlp.de/presse7deutschland/ps-0498.htm < Rev. 2004-07-22 >